AF341057

NOTICE

SUR

Armand DEMASURE

AVOCAT AU CONSEIL D'ÉTAT ET A LA COUR DE CASSATION

Né à Beauvais le 25 juillet 1847, mort à Paris le 12 juin 1885

PARIS

ALCAN-LÉVY, IMPRIMEUR DE L'ORDRE DES AVOCATS

24, rue Chauchat, 24

—

1886

NOTICE

ARMAND DEMASURE

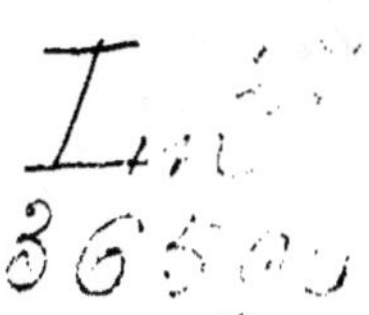

NOTICE

SUR

Armand DEMASURE

AVOCAT AU CONSEIL D'ÉTAT ET A LA COUR DE CASSATION

Né à Beauvais le 25 juillet 1847, mort à Paris le 12 juin 1885

PARIS

ALCAN-LÉVY, IMPRIMEUR DE L'ORDRE DES AVOCATS

24, rue Chauchat, 24

1886

Notice sur **ARMAND DEMASURE**

Avocat au Conseil d'État et à la Cour de Cassation

NÉ A BEAUVAIS LE 25 JUILLET 1847, MORT A PARIS LE 12 JUIN 1885

LUE A LA SÉANCE DU 9 JANVIER 1886

MESSIEURS,

En vous parlant d'Armand DEMASURE, dont la vie si courte et si bien remplie mérite de laisser au Palais un souvenir durable, je ne saurais oublier combien il eût préféré n'être le sujet d'aucun éloge public. Indocile à la flatterie et même à la louange, sa fière modestie s'effrayait d'avance, en entrant dans notre association, du discours qui l'attendait, quand il en sortirait. Pour excuser l'hommage que je lui dois, je veux le faire plus sincère et plus bref.

Peu d'existences ont été plus simples et moins fertiles en événements que la sienne. Cette simplicité même en fait le mérite. Sa carrière est une ligne droite.

Après de fortes études au collège de Beauvais, sa ville natale, destiné par son père, qui discerna sa vocation, au barreau de la Cour Suprême, il vint à Paris étudier le droit.

Il fut admis au stage en 1869 et il débuta à notre grande conférence des avocats dès l'année suivante, à 22 ans. Il fut aussitôt nommé secrétaire, à la veille de la guerre, quand l'Ordre choisissait pour chef l'homme de cœur qui, en des jours néfastes, maintint si noblement l'honneur du barreau.

Malgré ses premiers succès, DEMASURE n'aborda pas l'audience. Il continua de s'exercer à la parole dans les conférences, où, pour ceux qui veulent et qui savent étudier, les grandes discussions librement traitées ne sont pas moins fécondes que les débats restreints des premières causes. Président de la conférence Paillet, il y prononça un remarquable discours de rentrée sur Antoine Loysel, son compatriote.

Un maître consommé en procédure, Lacomme, qui l'eût volontiers gardé pour successeur, l'initia aux affaires.

Enfin, il vint apprendre les principes ou plutôt la pratique du droit administratif, l'art ingénieux de découvrir des moyens de cassation et la sévère dialectique des instructions écrites, dans le cabinet d'un homme, qui était au premier rang du barreau de la Cour Suprême, avocat par vocation, économiste par tempérament, député par dévouement, qui occupait dans nos Assemblées politiques une situation importante, qui unissait à la science du jurisconsulte et au talent de l'orateur une bonté et une sincérité candides, qui formait des élèves par l'autorité de ses exemples et, ce qui est plus rare, par l'intimité de ses leçons, qui fut si cruellement ravi au barreau, j'ose dire même au pays, Paul Jozon, dont je ne saurais parler sans reconnaissance et sans émotion.

DEMASURE entra bientôt dans l'Ordre des Avocats aux Conseils ; et, dès qu'il parut à la barre, fit concevoir de lui de grandes espérances.

Lacan, l'excellent bâtonnier, déjà beau-père de Jozon, distingua Demasure, le rechercha, lui donna sa seconde fille et, avec elle, le bonheur domestique.—A voir ces trois hommes, unis par une affection sans nuages, on s'étonnait parfois qu'ils eussent des opinions si différentes en politique, en littérature, en religion. Mais ils avaient tous trois la même tolérance, le même amour désintéressé du vrai et du bien ; et ces vertus, les plus hautes de l'humanité, les rendaient supérieurs à leurs opinions.

Demasure réalisa tout ce qu'on avait attendu de lui. Le succès répondit à ses efforts. Son cabinet, médiocre quand il le prit, ne cessa de s'accroître entre ses mains.

Talent lucide, loyal, vigoureux, il inspirait la confiance et emportait la conviction.

Il hésitait avant de prendre parti, il étudiait avec patience, n'osant se produire que préparé, comme l'exige le respect du juge, du client et de soi-même.

Mais en même temps son esprit, facile et résolu, ne s'égarait pas en d'inutiles recherches. Une fois son opinion fixée, il lui restait fidèle et ne s'attardait pas à la remettre en question.

Son style, aussi net, aussi sobre qu'élégant, était un style sans ratures. Il faisait bien du premier jet et savait ne pas chercher le mieux, qui trop souvent coûte plus cher qu'il ne vaut.

Sa parole était précise, d'une clarté et d'une logique saisissantes, dédaigneuse des arguments douteux, toujours vive, moins insinuante qu'incisive ; elle s'avançait à découvert, spirituelle, ironique ou véhémente. L'accent de sa voix grave et décidée, son maintien noble, son visage qu'éclairait la sincérité, achevaient de persuader et de convaincre.

L'amour de sa profession et celui de son foyer furent toute sa vie.

Les joies de la famille étaient le seul délassement de ses travaux. Il s'y abandonnait avec une douceur, une ten-

dresse, une gaîté d'enfant, qu'on n'aurait pas attendues de sa gravité habituelle.

Content de ce double amour, il n'a demandé aux lettres et aux arts que la culture indispensable aux intelligences élevées ; il n'a recherché ni les émotions de la politique, ni les curiosités des sciences, ni les agitations des voyages, ni les frivoles succès du monde.

Sa réserve, mêlée de fierté et de timidité, n'attirait pas les indifférents. Il ne sut jamais dire obligeamment d'inutiles paroles. Ses sympathies n'étaient que plus précieuses et ses amitiés plus solides. Rien, en lui, n'était banal. Ceux qui ne le recherchaient pas lui donnaient leur estime tout entière. Il apportait dans ses relations confraternelles une délicatesse scrupuleuse, ombrageuse même. Malgré ses succès, il ne fit pas d'envieux.

S'il se renferma dans la carrière qu'il avait choisie, du moins il en cultiva toutes les ressources ; il ne se borna pas aux travaux des consultations et de l'audience.

Il donna son concours à d'importantes publications. Il fut un collaborateur précieux pour *la Société de Législation comparée*, pour *le Journal des Communes*, pour *la Revue pratique*, pour le journal *le Droit*, où il avait conquis une situation importante.

Mais son œuvre propre de publiciste et d'arrêtiste fut *le Contrôleur de l'Enregistrement*, qu'un de ses prédécesseurs avait fondé et qu'il perfectionna, dont à lui seul il fut toute la rédaction, où il déploya par un labeur constant la fécondité du journaliste, avec plus de solidité, et la science du jurisconsulte.

Nous devons beaucoup, Messieurs, à ces recueils spéciaux, si multipliés de nos jours, qui répondent, par la division du travail, à l'accroissement de nos connaissances, au besoin du public d'être informé de tout et au légitime désir des auteurs de se rapprocher du public. Que d'efforts sont ainsi dépensés pour nous instruire et pour nous plaire !

Demasure était passé maître dans les polémiques de la presse judiciaire. La nature spéciale de sa première clientèle, qui l'avait tourné vers les questions d'enregistrement, faisait de lui l'avocat attitré des contribuables contre la Régie. Son caractère généreux s'accommodait bien de ce rôle difficile, fertile en déceptions. Il y apportait une abondance de ressources, une ténacité, une sincérité dignes d'un meilleur sort et il se consolait de sès échecs par les critiques respectueuses et fermes de son journal.

Ces publications périodiques ne lui suffirent pas. Il voulut attacher son nom à une œuvre plus durable. Son *traité du Régime fiscal des Sociétés*, auquel il travailla pendant quatre ans et auquel il usa une partie de ses forces, n'est pas une compilation hâtive, sans originalité et sans lendemain; c'est une œuvre créée de toutes pièces, vraiment théorique et pratique à la fois, remarquable par la méthode comme par l'invention. Il prend les sociétés à leur berceau et les conduit jusqu'à leur tombe. Il leur enseigne ce qu'il en coûte pour naître, pour vivre, pour mourir. Il les arme pour la lutte, pour les résistances ou les revendications légitimes, et il leur apprend la résignation aux exigences inévitables. Son livre est un livre de maître et qui restera. On pourra sans doute faire mieux; mais ce sera grâce à lui. On y rencontre ses qualités dominantes, c'est-à-dire, outre l'abondance des idées et le charme du style, la lucidité, la vigueur, la loyauté.

Tout souriait à notre confrère. Il avait la joie bien douce de se voir grandir et de ne devoir ses nouveaux clients qu'à lui-même. Il était en possession de la confiance du public, de l'estime des juges, de l'amitié ou des sympathies de ses confrères. Sa profession lui donnait, comme son foyer, tout le bonheur qu'il avait rêvé. On ne pouvait plus souhaiter à son bonheur qu'une chose, la durée.

Hélas ! il devait être un nouvel et triste exemple de la stérilité de nos labeurs et de la fragilité de nos joies.

Aux approches des vacances de 1884, une maladie impitoyable, qui lui avait déjà donné de lointains avertissements, se révéla d'une manière impérieuse et nous alarma tous. Le repos des vacances ne répara pas ses forces. Il nous revint plus faible. On le pressa de renoncer aux affaires et d'aller chercher sous un ciel plus doux le calme et la santé. Partez, lui disait un médecin clairvoyant, ou vous êtes perdu. Il resta, aimant trop sa profession et ne doutant pas de guérir. Il se flattait qu'on ne meurt pas à son âge. Il craignait, s'il s'éloignait du Palais, d'y revenir oublié. Il demeura donc au poste, inébranlable, malgré ses forces défaillantes.

Nous le vîmes alors lutter pendant de longs mois sans interrompre jamais ses travaux. Chaque semaine, chaque jour pour ainsi dire, nous lisions malgré nous sur ses traits amaigris l'envahissement continu du mal. Comme nos yeux fuyaient les siens pour lui cacher leur effroi ! Comme les siens cherchaient et scrutaient les nôtres obstinément ! Sa démarche devenait incertaine ; son regard s'éteignait. L'esprit restait toujours aussi ferme, aussi lucide. On voyait transparaître l'âme, maîtresse du corps qui se consumait. Il continuait de plaider avec la même conscience, la même autorité, le même succès; mais au prix de quels efforts ! On sentait qu'il se tuait : douloureux spectacle, où l'admiration se mêlait à la pitié !

Lui seul se faisait encore illusion. Bien qu'à peine il ait eu un instant de répit, il ne s'abandonna jamais. Ce qui le soutenait, dans cette lutte, c'était, avec la volonté de ne pas déserter et la confiance de guérir, la solidité d'une foi sincère, qui lui faisait souffrir les maux envoyés de Dieu avec une patience et une résignation auxquelles les seules forces humaines atteignent si rarement. C'était aussi le dévouement de sa chère et héroïque compagne, qui, trop bien avertie depuis longtemps et désespérée, lui montra toujours la même sérénité, sut cacher sa douleur à tous autour de lui et l'environna jusqu'au bout de sourires et d'espérances.

Demasure conserva, même à son dernier jour, l'intégrité de son intelligence. A bout de forces, il montrait encore

pour les intérêts qui lui étaient confiés une sollicitude in-
quiète qu'il n'avait pas pour lui-même.

Mais enfin il fut vaincu et la mort eut sa proie. Il expira
le 12 juin 1885. Il n'avait que 37 ans.

Sa fin, si douloureuse et si prématurée, excita une pitié
universelle. Amis, confrères, magistrats, se pressèrent à
son convoi. On lui rendit des honneurs réservés d'ordinaire
à l'âge et aux dignités. Les paroles émues qui furent pro-
noncées sur sa tombe, n'étaient que la juste expression
d'un sentiment unanime. On pleurait son talent, son cou-
rage, sa jeunesse.

Soyons fiers, Messieurs, de notre ancien confrère. Il a
honoré notre robe par sa vie et par sa mort. Il fait partie
de cette vaillante élite, qui, après les maîtres glorieux,
donne au barreau de notre pays sa force et son éclat. Une
vie comme la sienne pourrait satisfaire plus d'une ambi-
tion. Puisse la destinée plus clémente épargner à notre
faiblesse les épreuves terribles de sa fin ! Mais, si nous y
sommes condamnés, puissions-nous y montrer les mêmes
vertus !

Georges DEVIN.